첫번째 원숭이

첫번째 원숭이
초판 인쇄 2016년 6월 3일
초판 2쇄 2016년 12월 15일

글 박세당
그 림 전진진

펴낸이 이호백
펴낸곳 도서출판 재미마주
10881 경기도 파주시 문발동 520-9 (A동, 3층)
전화 (031)955-0880 / 팩스 (031)955-0881
등록번호 제10-1051호 / 등록일자 1994년 10월 20일

도서출판 재미마주는 독자 여러분의 의견을 기다립니다.
홈페이지 www.jaimimage.com E-Mail jaim@jaimimage.com
ISBN 979-11-85996-56-1

ⓒ 박세당, 전진진 2016
이 책의 무단 복제 및 무단 전재를 금합니다.
값은 표지 뒷면에 표기되어 있습니다.

KS 마크는 이 제품이 공동안전기준에 적합하였음을 의미합니다.
책의 모서리가 날카로우니 주의하시기 바랍니다.

첫번째 원숭이

박세당 글 전진진 그림

재미마주

1.

옛날 옛적에 원숭이들만 사는
마을이 있었어요.
이 마을엔 사과나무가 많아 원숭이들은
빨갛게 열린 사과들을 따 먹으며
행복하게 살고 있었답니다.
그런데 원숭이들은 멀쩡한 사과지만
땅에 떨어져 흙 묻은 사과는 아예
거들떠보지도 않았답니다.
그러다보니 해마다 여름이면 마을은
어느새 땅에 떨어져 뒹구는 썩은 사과들로
가득차게 되었죠.

2.

그러던 어느날 한 원숭이의 눈 앞에
빨간 사과 한 알이 툭 떨어져
때굴때굴 굴러 왔어요.
"어, 이것봐라. 사과가 저절로 굴러 오네.
그런데 어쩌지? 흙이 잔뜩 묻어버렸잖아.
으이그~ 아까워 아까워…"
뒤돌아서려던 원숭이는 다시 사과를
뚫어지게 쳐다보더니 자기도 모르게
그 흙 묻은 사과를 집어 들었답니다.

3.

그리고는 무심코 사과를 눈앞에
흐르는 개울물에 흔들어 씻었어요.
사과는 곧 깨끗해져서 눈부신
아침 햇살에 반짝거렸답니다.
빠알간 사과는 먹음직스러웠지요.
배고픈 원숭이는 침을 꿀꺽 삼키더니
덥석 한입을 깨물어 먹었답니다.
순간 깜짝놀라 자기도 모르게 소리를
질렀습니다.
"그래! 이 맛이야!"

4.

"아! 달고 시원한 이 맛!
이거 정말 신기한데?
흙 묻은 사과를 물에 씻었더니 오히려
차고 맛있네!
왜 여태껏 이런 방법을 몰랐지?
그래, 땅에 뒹구는 사과도 잘만 골라
씻어 먹으면 된다구! 하하!"
바로 이 원숭이가 세상에서 가장 처음
땅에 떨어져 흙 묻은 사과를 물에 씻어 먹은
첫 번째 원숭이였던 것입니다.
자, 그런데 이 멋진 발견을 한 원숭이에게
이제 어떤 일들이 생기게 될까요?

5.

첫 번째 원숭이는 이 놀라운 사실을 친구들에게
빨리 알려 주고 싶었어요. 그래서 친구들을
잔뜩 모아 놓고 신이 나서 말했답니다.
" 흙 묻은 사과를 이렇게 물에 씻으면
깨끗해지고 더 맛이 있다구.
나무에 달린 사과만 먹을 필요가 없어.
자, 너희들도 한번 먹어 봐 ! "

6.

어, 그런데 이게 웬일입니까? 친구들은
맛을 보기는커녕 첫 번째 원숭이를 이상한
눈으로 쳐다보며, 한마디씩 해댔습니다.
"이상한 녀석이네. 땅에 떨어진 더러운
것을 먹다니."
"더러운 사과를 물에 적셔 먹겠다고?
저런 놈은 같이 놀지도 말아야 해!"
"너나 실컷 땅에 떨어진 사과 먹고
잘난 체하며 살어라!"

첫 번째 원숭이는 이런 친구들의
반응에 어안이 벙벙해지며
갑자기 슬퍼졌습니다.
"흙묻은 사과는 물에 씻기만 하면
바로 깨끗해지고 더 맛있는데,
왜 내 말을 안 믿는 걸까?"

7.

그날부터 첫 번째 원숭이는 갑자기
외로워졌습니다. 친구들과 다시 놀기도
서먹해져 늘 구석에 쳐박혀 있기만 했죠.
"내가 공연한 짓을 저질렀나?
난 그저 친구들에게 좋은 방법을 알려 주려
했을 뿐인데? 땅에 떨어진 사과를 물에
씻어 먹는 걸 혼자만 알고 있을 걸 그랬나 봐."
아무리 생각을 해봐도 억울한 일이었던 거죠.
속상한 마음에 몸도 마음도 날로날로
야위어갔습니다.
그렇게 백 일째 되던 날 새벽, 꿈인지 생신지
첫 번째 원숭이 앞에 밝은 빛이 나타나더니
이렇게 말했습니다.
**"100번째 원숭이를 기다려야 해.
그놈은 신기한 바람을 가졌거든!"**

8.

그날 아침, 첫 번째 원숭이는 해가 뜨기가
무섭게 자리에서 벌떡 일어나 밖으로
달려 나가 크게 소리쳤습니다.
"거봐! 난 틀리지 않았다구! 이렇게 땅에
떨어진 사과라도 개울물에
씻어 먹으면, 정말 맛있다니까!"
그러나 첫 번째 원숭이를 따라
흙 묻은 사과를 물에 씻어 먹을 줄 알게 된
원숭이는 고작 열두 명의 친구들
뿐이었답니다.

하지만 첫 번째 원숭이와 열두 명의 친구들은
결코 여기에서 멈추지 않았어요.
마을 원숭이들로부터 온갖 멸시와 수모를 견디며,
흙 묻은 사과를 물에 씻어 먹는 방법을 조금씩
알려 나갔습니다.
힘은 들었지만 그것은 아주 멋진 일이었던 거죠.

이렇게 십 년이란 세월이 흘렀습니다.
마을 원숭이 수천 마리 가운데 오직 아흔아홉
마리만이 사과를 씻어 먹을 줄 알게 되었습니다.
그러니까 흙 묻은 사과를 씻어 먹을 줄 아는 원숭이는
일 년에 고작 열 마리 남짓 늘어난 셈입니다.
그러던 어느 날 …

10.

마침내…

100번째 원숭이가…

흙 묻은 사과를 집어 들고…

물가로 가더니…
개울물에 깨끗이 씻어 먹는 거예요.
자, 이제 무슨 일이 벌어질까요?

11.

그 순간 온 마을에 아무도 모르게 신기한
바람이 불기 시작했습니다.
이 광경을 멍하니 바라만 보던 다른
원숭이들이 여기 저기서 흙묻은 사과를 들고
개울가로 달려가기 시작하는 거예요, 그리고는
마치 당연하다는 듯이 사과를 물에 씻어 한 입씩
맛있게 베어 먹는 것이 아니겠어요?
딱 그 날 하루 만에 마을 원숭이들 모두가
흙 묻은 사과를 물에 씻어 먹기 시작한 것이었죠.

첫 번째 원숭이는 이 광경을 보고 그저 헤벌쭉 웃기만 했어요. 아무도 자기를 알아보지 못했지만 신경쓰지 않았지요.
그리곤 조용히 혼자 중얼거렸답니다.
"백 번째 원숭이의 신기한 바람, 정말 대단한데! 하하하…"

하지만 100번째 원숭이는 자기가 무슨 일을 한 건지 알 수가 없었죠. 그저 흙 묻은 사과를 물에 한번 잘 씻어 먹었을 뿐이었거든요.

12.

그런데 마을에 불어닥친 신기한 바람이
여기서 멈춘 것은 아니랍니다. 며칠 뒤
마을 밖 세상에서도 새로운 소식들이
들려오기 시작했거든요.
저 멀리 아프리카 대륙에서도,
북아메리카와 유럽에서도,
전 세계의 모든 원숭이들이 땅에 떨어진
사과를 씻어먹기 시작했다는 소식입니다.
첫 번째 원숭이와 백 번째 원숭이가 살던
마을 밖 세상에서는 아무도 이 방법을
가르쳐 주지도 않았고, 그 누구도 따로
배운 적이 없었는데 말이죠.

『에필로그』
첫 번째 원숭이와 신기한 바람

과연 백 번째 원숭이가 나타나서 신기한
바람이 분 것일까요? 아니면 신기한 바람이
불 때가 되어 백 번째 원숭이가 나타난 것일까요?
이 이야기는 1930년대 이웃 나라에서 실제로
있었던 일이랍니다. 첫 번째 원숭이는 맨 처음
사과를 물에 씻어 먹는 법을 발견했지만 오히려
친구들의 놀림감이 되고 말았네요?
우리도 마찬가지로 살다 보면 이런 일을 반드시
겪게 된답니다.

그때 여러분은 과연 어떤 원숭이가 되어 있을까요?
만일 첫 번째 원숭이라면 놀린다고 절대로 그 꿈을
포기해서는 안됩니다. 반드시 백번째가 나타나서
곧 신기한 바람이 불어올 테니까요. 만일 '첫 번째
원숭이'가 될 수 없다면, 신기한 바람을 몰고 오는
'백번째 원숭이'가 되어 봅시다.

그러면 점점 더 멋진 세상이 만들어지겠지요?

"작가의 말"

눈에 보이지 않는 세상을 생각해 본 적이 있나요?
어떤 생각이 간절해지면, 안 보이는 세상에도 그 마음이 알려집니다. 비록 처음에는 미약하지만 열정으로 밀고 나간다면, 사람들이 조금씩 참여할수록 그 힘은 점점 더 강해집니다. 그러다가 어느 날 갑자기 급속히 퍼져 나가는 순간이 반드시 오게 됩니다. 100번째 원숭이는 바로 그 순간을 상징하는 동물입니다. 일단 그 일이 일어나면, 모든 것이 순식간에 바람처럼 퍼져 나가기 때문에 신기한 바람이라고 하는 것이죠.
아래 그림은 '첫 번째 원숭이의 사과'라는 제목의 흙 묻은 사과 그림입니다.
인류의 역사를 통틀어 네 개의 사과가 있었습니다. 먼저 저 유명한 아담과 이브의 사과가 있고, 두 번째로 트로이전쟁을 일으킨 왕자 파리스의 황금사과가 있으며, 만류인력을 발견한 뉴턴의 사과가 세 번째고, 2차 대전을 종식시킨 천재 튜링을 죽인 금단의 사과는 스티브 잡스의 아이폰에 한 입을 베어 먹은 사과로 남았습니다.
그리고 이 그림, 여러분이 기억해야 될 다섯 번째 사과입니다. 아무도 쳐다보지 않던 흙 묻은 사과를 처음으로 씻어 먹게 된 혁명가 첫 번째 원숭이의 고난과 포기하지 않는 뜨거운 열정, 그리고 하늘의 감응으로 결국 신기한 바람이 불어오는 이야기가 고스란히 담겨 있습니다. 아울러 처음으로 지동설을 주장했던 갈릴레이와 현대의 스티브 잡스와 손정의와 마윈같은 세상의 모든 혁신가들과 그들의 고통과 열정의 스토리를 상징하기 때문입니다.

- 2016년 05월 12일 저자 박세당